Cearban air an Allaban air Latha Fiadhaich!

Ceud taing don chloinn a chuidich mi le
diofar bheachdan co-cheangailte ris an leabhar seo,
gu h-àraidh Husnain Javid agus sgoilearan aig
Bun-sgoil St John the Baptist CE VC, Stockton-on-Tees.

Air fhoillseachadh sa Bheurla ann am Breatainn le Picture Corgi 2015,
meur de dh'fhoillsichearan Random House Children's Publishers UK.
Companaidh le Penquin Random House

1 3 5 7 9 10 8 6 4 2

© an teacsa Bheurla agus nan dealbhan Nick Sharratt, 2015

Tha Nick Sharratt a' dleasadh a chòraichean a bhith air aithneachadh
mar ùghdar agus neach-deilbh na h-obrach seo.

www.randomhousechildrens.co.uk
www.randomhouse.co.uk

A' chiad fhoillseachadh sa Ghàidhlig an 2016 le Acair Earranta
An Tosgan, Rathad Shìophoirt, Steòrnabhagh, Eilean Leòdhais HS1 2SD

info@acairbooks.com
www.acairbooks.com

© an teacsa Ghàidhlig Acair, 2016
An tionndadh Gàidhlig Johan Nic a' Ghobhainn
An dealbhachadh sa Ghàidhlig Mairead Anna NicLeòid

Tha Acair a' faighinn taic bho Bhòrd na Gàidhlig.

Fhuair Urras Leabhraichean na h-Alba taic airgid bho Bhòrd na Gàidhlig
le foillseachadh nan leabhraichean Gàidhlig *Bookbug*.

Gheibhear clàr catalog CIP airson an leabhair seo
ann an Leabharlann Bhreatainn.

LAGE/ISBN 978-0-86152-402-0

Clò-bhuailte ann an Sìona

Cearban air an Allaban air Latha Fiadhaich!

Nick Sharratt

acair

'S e latha garbh, fiadhaich a th' ann
airson a bhith air an t-sitig,
ach tha gille beag is athair
gu bhith a-muigh leis a' phrosbaig.

Sìm Crosbaidh, Sìm Crosbaidh
is e trang leis a' phrosbaig.

A stoc a' falbh le uspag gaoithe,

's na duilleagan a' danns mun cuairt air,

ach dè an diofar le Sìm againne,
mo ghràidh air agus m' eudail!

Tomhais dè a chunnaic e?

Sgiath mhòr dhubh,
is dh'aithnich e an cumadh.
Dh'èigh e aig àird a chlaiginn,

"CEARBAN AIR AN ALLABAN!"

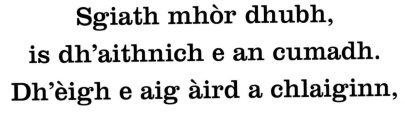

Nach fheuch thus' air cuideachd?

Ged a b' e balach glic a bh' ann,
bha e an-dràsta
le beagan nàire . . .

. . . oir nuair a chaidh e na b' fhaisge,
chunnaic e nach robh ann
ach sgàilean!

Sìm Crosbaidh, Sìm Crosbaidh
a' toirt sùil eile tron phrosbaig.

A stoc a' falbh le uspag gaoithe,

's na duilleagan a' danns mun cuairt air,

ach dè an diofar le Sìm againne,
mo ghràidh air agus m' eudail!

"Ò, mo chreach 's a thàinig!"

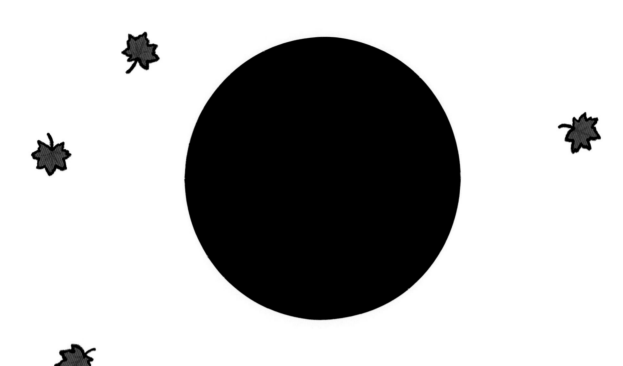

Dh'èigh e aig àird
a chlaiginn,

"CEARBAN AIR
AN ALLABAN!"

"Dèan cobhair orm is dèan cabhaig."

Sìm Crosbaidh, Sìm Crosbaidh
a' toirt sùil eile tron phrosbaig.

A stoc a' falbh le uspag gaoithe,

's na duilleagan a' danns mun cuairt air,

ach dè an diofar le Sìm againne,
mo ghràidh air agus m' eudail!

Cha chreideadh e an sealladh iargalta!

Dh'èigh e aig àird
a' chlaiginn,

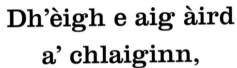

"CEARBAN AIR
AN ALLABAN!"

Chan fhaigh duine fois gu falbh e.

"Chan eil mise rim mholadh
oir b' e Sìm a rinn an obair.
Mhothaich e dhan leanabh
is dh'iarr e orm cobhair."